Loma Vista Immersion Academy

207 Maria Drive

Petaluma, CA 94954

707-765-4302

LIBROS RAYO

# ¿Sabes algo sobre peces?

## Buffy Silverman

ediciones Lerner • Minneapolis

A Emma, con amor, mientras vas al colegio con otros peces

ediciones Lerner
Una división de Lerner Publishing Group
241 First Avenue North
Minneapolis, MN 55401 EUA

Dirección de Internet: www.lernerbooks.com

Library of Congress Cataloging-in-Publication Data

Silverman, Buffy.
 [Do you know about fish? Spanish]
 ¿Sabes algo sobre peces? / por Buffy Silverman.
     p.   cm. — (Libros rayo - conoce los grupos de animals)
 Includes index.
 ISBN 978-0-7613-9194-4 (lib. bdg. : alk. paper)
 1. Fishes—Juvenile literature. I. Title.
QL617.2.S5718  2013
597—dc23                                    2011050739

Fabricado en los Estados Unidos de América
1 — CG — 7/15/12

# Contenido

Todas las formas y tamaños    página 4

Pez: Dentro y fuera    página 6

Mantenerse seguro    página 17

Pez bebé    página 23

Pez raro y maravilloso    página 28

Glosario    página 30

Más lectura    página 31

Índice    página 32

# Todas las formas y tamaños

Los peces viven en el agua. Nadan en estanques, arroyos, lagos y océanos.

Hay peces de todas las formas y tamaños. Algunos son enormes. Los tiburones ballena llegan a ser más largos que tu salón de clases. Otros son pequeños. Los peces goby son más pequeños que una moneda.

Los peces goby son muy pequeños.

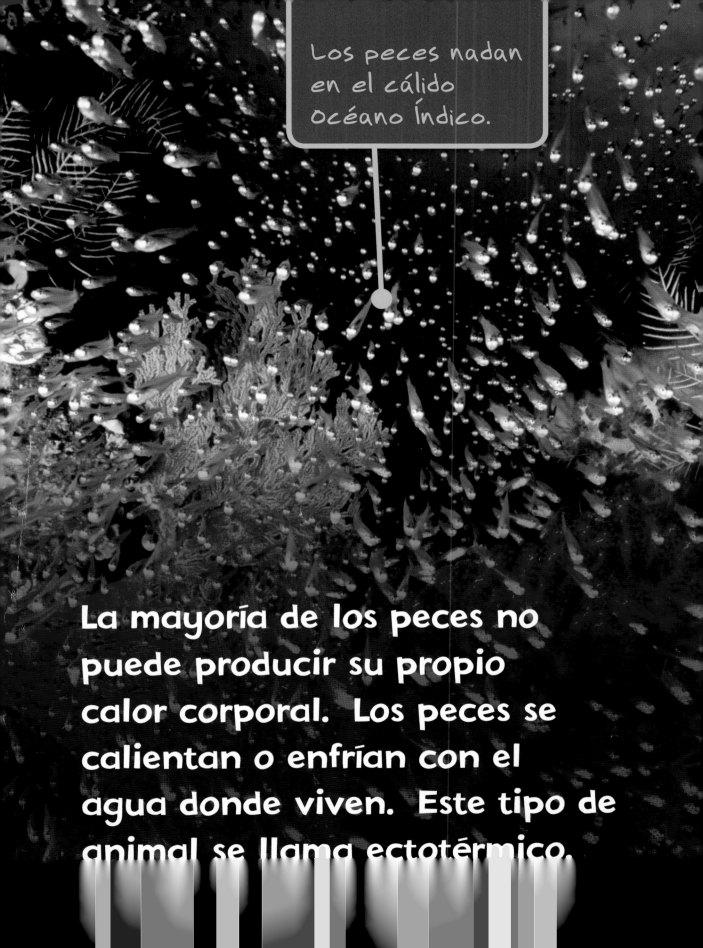

Los peces nadan en el cálido océano Índico.

La mayoría de los peces no puede producir su propio calor corporal. Los peces se calientan o enfrían con el agua donde viven. Este tipo de animal se llama ectotérmico.

# Pez: Dentro y fuera

La forma de los peces les permite deslizarse por el agua. Mueven sus colas para nadar. Los peces vela tienen largas colas que los ayudan a moverse rápidamente bajo el agua.

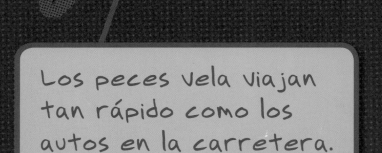

Los peces vela viajan tan rápido como los autos en la carretera.

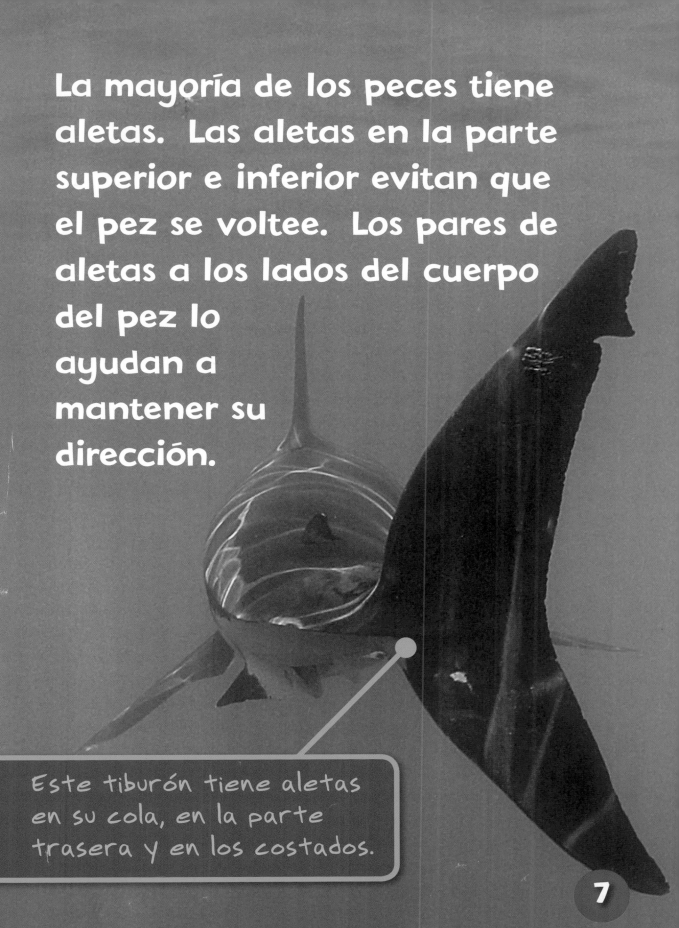

La mayoría de los peces tiene aletas. Las aletas en la parte superior e inferior evitan que el pez se voltee. Los pares de aletas a los lados del cuerpo del pez lo ayudan a mantener su dirección.

Este tiburón tiene aletas en su cola, en la parte trasera y en los costados.

Las aletas ayudan a los peces a moverse por el agua. Los peces usan sus aletas para girar y detenerse.

Las aletas del pez león se parecen a la melena del león.

Muchos peces están cubiertos de escamas. Las escamas duras protegen su piel.

Esta imagen muestra de cerca las escamas de un salmón. Las escamas encajan entre sí como las tejas de un techo.

9

Las escamas del tiburón parecen pequeños dientes. Todas las escamas apuntan hacia la cola del tiburón. Eso ayuda al tiburón a deslizarse por el agua mientras nada.

Estas son las escamas de un tiburón perro.

El pez globo se infla
cuando está en peligro.

¡Ten cuidado con esas
escamas puntiagudas!

¿Puedes sentir los huesos de tu espalda? **Los peces también tienen columna vertebral. Los animales con columna vertebral se llaman vertebrados.**

¿Puedes ver la columna vertebral de este pez tetra?

El tiburón ballena es el pez más grande del mundo. Como otros peces, su columna vertebral va desde la cabeza hasta la cola.

La columna vertebral es parte del esqueleto del pez. El esqueleto da su forma al pez.

Como tú, los peces tienen que respirar. Pero los peces respiran en el agua. El pez respira con sus agallas. Un pez abre la boca. El agua fluye. Cierra la boca, empujando el agua por sus agallas. De esa manera, el pez obtiene oxígeno del agua.

Puedes ver agallas dentro de la boca de este pez.

Los peces tienen pequeñas aberturas a los lados de sus cabezas. El agua pasa por las agallas y luego sale por estas aberturas. En peces como los tiburones, estas aberturas se llaman hendiduras branquiales.

El tiburón limón tiene cinco hendiduras branquiales en cada lado de su cabeza.

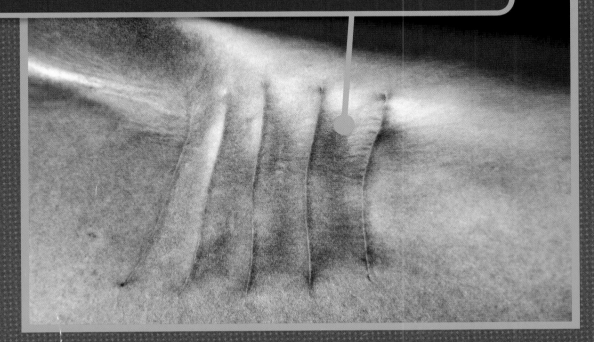

# Mantenerse seguro

Muchos animales comen peces. Pero los peces saben cuando otros animales nadan cerca de ellos. Tienen tubos en la parte exterior del cuerpo. Los tubos se llaman líneas laterales. Ayudan a los peces a sentir el agua en movimiento. Los tubos ayudan a los peces a mantenerse alejados del peligro.

Este pez tiene una raya en su línea lateral.

Algunos peces se mantienen seguros ayudando a peces grandes. Los peces limpiadores nadan dentro de la boca de un mero. ¿El mero los tragará?

Los peces limpiadores nadan alrededor de la boca de un mero.

¡No! Los peces limpiadores comen el alimento atrapado entre los dientes del mero.

Algunos peces se mezclan con su entorno. Los caballitos de mar se mezclan con algas marinas y plantas flotantes. Descansan y se esconden en estas plantas.

¿Ves un caballito de mar?

19

Las anchoas nadan en grupos,
llamados cardúmenes. Están
más seguras en grupos.

Hay cientos
de anchoas en
este cardumen.

El pez hoja amazónico parece una hoja flotando. Los peces más grandes no lo molestan. Los peces más pequeños nadan cerca. Luego, el pez hoja traga su comida.

El pez hoja se mantiene seguro porque otros animales lo confunden con una hoja.

Estos son huevos de perca.

# Pez bebé

La mayoría de los peces pone huevos. Los peces bebé salen de los huevos. El pez sol pone 300 millones de huevos de una vez. Muchos de los huevos son comidos por tiburones y otros peces.

¿Puedes ver un pez bebé en estos huevos?

Las rayas hacen cápsulas de huevos para protegerlos. Las rayas bebé crecen dentro de las cápsulas rígidas.

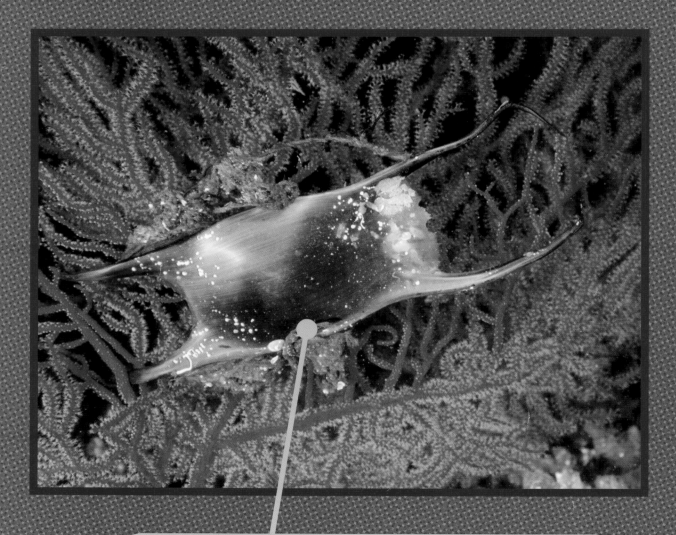

Esta cápsula rígida tiene un huevo de raya. Cuerdas finas sostienen la cápsula del huevo en un coral.

El pez espinoso macho
construye un nido. La hembra
pone huevos adentro. El
macho protege los huevos
para mantenerlos seguros.

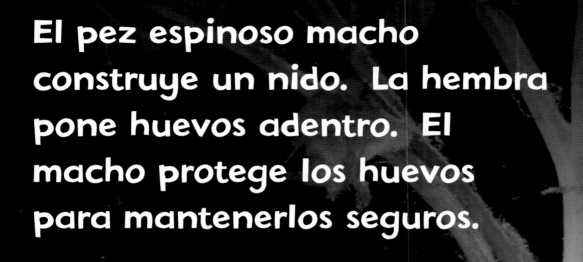

El pez espinoso
macho aleja un
caracol de su nido.

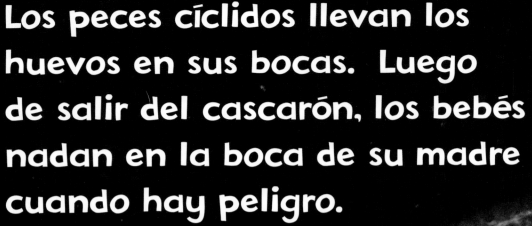

Los peces cíclidos llevan los huevos en sus bocas. Luego de salir del cascarón, los bebés nadan en la boca de su madre cuando hay peligro.

Los peces cíclidos bebés nadan en la boca de su madre.

Los peces guppy no ponen huevos. Dan a luz a peces guppy bebés. Los bebés respiran, nadan y comen en su hogar acuático.

Este pez guppy hembra tendrá bebés pronto.

# Pez raro y maravilloso

Los peces ciegos de las cavernas no tienen ojos. Viven en cavernas donde no hay luz. Se mueven utilizando sus líneas laterales.

Este pez ciego de las cavernas utiliza otros sentidos en lugar de su vista para moverse.

Las anguilas eléctricas producen electricidad. La usan para cazar, porque aturden a su presa con una descarga. También la usan para encontrar y elegir parejas.

Los caballitos de mar papá dan a luz a los bebés. El caballito de mar hembra pone sus huevos en la bolsa incubadora de su pareja. Él lleva los huevos hasta que se abren.

Los peces saltarines del fango pueden "saltar" por un pantano lodoso. Caminan sobre sus aletas.

Este caballito de mar macho lleva huevos en su bolsa.

29

# Glosario

**agallas:** órganos en un pez que permiten que tome oxígeno del agua. Los peces respiran con ellas.

**aletas:** órganos delgados de los peces que se usan para nadar, doblar y tener equilibrio

**cápsulas de huevos:** bolsas rígidas que protegen los huevos de los peces

**cardumen:** grupo grande de peces

**ectotérmico:** animal de sangre fría. Su cuerpo se calienta o enfría en su ambiente.

**electricidad:** forma de energía que se encuentra en la naturaleza y puede producirse en una planta eléctrica

**escamas:** placas pequeñas, delgadas, rígidas y planas que cubren y protegen la piel del pez

**esqueleto:** estructura de los huesos en el cuerpo de un animal. El esqueleto da su forma al animal.

**línea lateral:** órgano del pez que le permite sentir los movimientos del agua

**oxígeno:** gas en el aire y el agua. Las plantas y los animales necesitan oxígeno para respirar.

**vertebrados:** animales con columna vertebral. Los anfibios, las aves, los peces, los mamíferos y los reptiles son vertebrados.

## Más lectura

Aquarium of the Pacific
http://www.aquariumofpacific.org/

Fish: National Geographic Kids
http://www3.nationalgeographic.com/animals/fish.html

Ichthyology at the Florida Museum of Natural History: Just for Kids
http://www.flmnh.ufl.edu/fish/Kids/kids.htm

Pfeffer, Wendy. *What's It Like to Be a Fish?* New York: HarperCollins, 1996.

Schleichert, Elizabeth. *Fish.* Washington, DC: National Geographic Nature Library, 1997.

Shedd: The World's Aquarium
http://www.sheddaquarium.org

# Índice

agallas, 14–15

aletas, 7, 8

caballitos de mar, 19, 29

cápsulas de huevos, 24

cardúmenes, 20

colas, 4

columna vertebral, 12–13

ectotérmicos, 5

escamas, 9–11

esqueleto, 13

forma, 4

huevos, 22–23, 24–25

líneas laterales, 17

peces cíclidos, 26

peces limpiadores, 18

pez globo, 11

pez goby, 4

pez guppy, 27

pez vela, 6

tiburón ballena, 4, 13

vertebrados, 6

# Agradecimientos de fotografías

Las imágenes presentes en este libro se reproducen con autorización de: © Brian J. Skerry/National Geographic/Getty Images, pág. 1; © Mark Conlin/Alamy, pág. 2; © David Fleetham/Alamy, pág. 4; © age fotostock/SuperStock, págs. 5, 13, 15, 17, 24; © Jeff Rotman/naturepl.com, pág. 6; © Mark Carwardine/naturepl.com, pág. 7; © Christopher Crowley/Visuals Unlimited, Inc., pág. 8; © Paul Nicklen/National Geographic/Getty Images, pág. 9; © Dr. Dennis Kunkel/Visuals Unlimited/Getty Images, pág. 10; © Pacific Stock/SuperStock, pág. 11; © Don Farrall/Digital Vision/Getty Images, pág. 12; © Marty Snyderman/Visuals Unlimited, Inc., págs. 14, 18; © Image Source/Getty Images, pág. 16; © Georgette Douwma/naturepl.com, pág. 19; © Bill Curtsinger/National Geographic/Getty Images, págs. 20, 26; © Ken Lucas/Visuals Unlimited, Inc., pág. 21; © Reinhard Dirscherl/Visuals Unlimited, Inc., pág. 22; © Willem Kolvoort/naturepl.com, pág. 23; © Kim Taylor/naturepl.com, pág. 25; © Maximilian Weinzierl/Alamy, pág. 27; © Ken Lucas/Visuals Unlimited/Getty Images, pág. 28; © Paul Zahl/National Geographic/Getty Images, pág. 29; © Medioimages/Photodisc/Getty Images, pág. 30; © Daniel Gotshall/Visuals Unlimited, Inc., pág. 31.

Portada: © Bill Schaefer/Getty Images (parte superior); © Armando F. Jenik/The Image Bank/Getty Images (pie); © Michael Aw/Lonely Planet Images/Getty Images (recuadro al pie).

Cuerpo principal del texto en Johann Light 30/36.